EMG4-0023
合唱楽譜＜スタンダード＞

合唱で歌いたい！スタンダードコーラスピース
混声4部合唱

地球の詩

作詞・作曲：三浦真理

••• **曲目解説** •••

　三浦真理作詞・作曲の混声4部合唱曲。難しいリズムもなく、男女ともに無理のない音域で書かれた、易しくて歌いやすい曲です。ユニゾンから2部、そして4部と徐々に声部が分かれ、音楽の広がりを感じられます。ハーモニーを響かせて、感動的なクライマックスへと盛り上げましょう。

【この楽譜は、旧商品『地球の詩〔混声4部合唱〕』（品番：EME-C4006）と内容に変更はありません。】

合唱で歌いたい！スタンダードコーラス

地球の詩

作詞・作曲：三浦真理

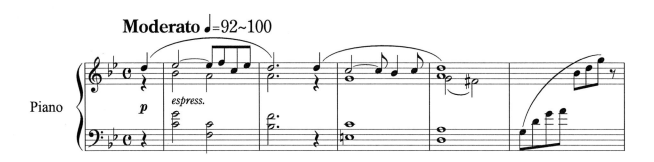

© 1999 by KYOGEI Music Publishers.

MEMO

地球の詩

作詞：三浦真理

風は気まぐれ	風は気まぐれ
山を越えて	河を越えて
口笛吹き	夢を抱(だ)いて
世界を旅する	世界を旅する
鳥の翼に	鳥になりたい
この身をあずけ	白い翼の
飛んで行こう	この世界へ
宇宙の果てまでも	運ぶよ夢の歌
泣かないで	泣かないで
笑って	笑って
涙ふいて	涙ふいて
太陽も笑うよ	太陽も笑うよ
空の上で	空の上で
信じあい	信じあい
夢見て	夢見て
さあ歌おう	さあ歌おう
この空に届け	この空に届け
地球の詩(うた)	地球の詩(うた)

MEMO

MEMO

エレヴァートミュージックエンターテイメントはウィンズスコアが
展開する「合唱楽譜・器楽系楽譜」を中心とした専門レーベルです。

ご注文について

エレヴァートミュージックエンターテイメントの商品は全国の楽器店、ならびに書店にてお求めになれますが、店頭でのご購入が困難な場合、当社PC&モバイルサイト・電話からのご注文で、直接ご購入が可能です。

◎当社PCサイトでのご注文方法

http://elevato-music.com

上記のアドレスへアクセスし、WEBショップにてご注文ください。

◎お電話でのご注文方法

TEL.0120-713-771

営業時間内に電話いただければ、電話にてご注文を承ります。

◎モバイルサイトでのご注文方法

右のQRコードを読み取ってアクセスいただくか、
URLを直接ご入力ください。

※この出版物の全部または一部を権利者に無断で複製(コピー)することは、著作権の侵害にあたり、著作権法により罰せられます。

※造本には十分注意しておりますが、万一、落丁・乱丁などの不良品がありましたらお取り替えいたします。また、ご意見・ご感想もホームページより受け付けておりますので、お気軽にお問い合わせください。